HARANGVE

FVNEBRE, N.º 16.

PRONONCEE AVX OBSEQVES
DE MONSIEVR
LE DVC DE COLIGNY,
FAITES A St DENYS LE SAMEDY
XX. FEVRIER M. DC. XLIX.
en presence de Monseigneur
LE PRINCE.

Par le R. P. FAVRE Cordelier, Docteur en Theologie de la Faculté de Paris, & Predicateur de la Reyne Regente.

A PARIS,
Chez FRANÇOIS PREVVERAY, grande ruë
de la Bretonnerie, proche la porte S. Iacques.

______

M. DC. XLIX.
Auec permißion.

HARANGVE
FVNEBRE
DE MONSIEVR LE DVC
DE CHASTILLON.

HARANGVE FVNEBRE
PRONONCEE AVX OBSEQVES
DE MONSIEVR
LE DVC DE COLIGNY,
FAITES A SAINT DENYS, EN
PRESENCE DE MONSEIGNEVR
LE PRINCE.

Consummatus in breui expleuit tempora multa. Sap. 4.
Il a vescu long-temps, quoy qu'il ait bien-tost finy
sa course. C'est ce que Salomon dit du Iuste au liure de
la Sagesse.

MONSEIGNEVR,

La coustume de messer les Haran-
gues Funebres, dans la Pompe des
funerailles, n'est introduite dans l'E-
glise, que pour soulager les morts,
ou bien pour consoler les viuans. C'est pourquoy,
MONSEIGNEVR, si pour vostre consolation vous at-
tendez que j'employe dans celle-cy, les loüanges du

A

2

D v c d e C o l i g n y;agréez que pour le foulagement de fon ame, ie vous demande des larmes & des prieres. En cela ie ne vous demande rien que l'Efcriture ne vous confeille. *In mortuum produc lachrymas*, & vous n'exige rien de moy que la mefme Efcriture ne me commande, *lauda poft mortem*.

Quand ie confidere le Duc d e C o l i g n y par les illuftres conditions de fa Race, par les rares vertus de fa glorieufe vie, & par les circonftances de fa mort veritablement Chreftienne; ie ne doute point que fes merites finguliers n'exigent des loüanges extraordinaires; Ie crains mefme que la foibleffe de mon art, defnué du fonds de l'efprit & du temps, neceffaire pour trauailler à cet ouurage ne luy face tort, & ie me fuffe fans doute difpenfé de l'entreprendre, fi ie n'auois penfé, qu'où la defobeïffance feroit vn crime, là temerité peut paffer pour vne efpece de vertu. Mais quand ie le regarde par les miferables conditions de l'infirmité humaine, quand ie le confidere comme vn pecheur obligé de rendre conte de toute fa vie, deuant la face de ce redoutable Iuge, des viuants & des morts; que ie me fouuiens que fa mort precipitée ne luy a pas donné tout le temps, qu'il eut bien defiré pour faire penitence; Et que ie fçay par vn Oracle qui ne peut mentir, qu'il faut expier fes crimes dans cette vie ou dans l'autre, le defir paffionné de le foulager m'oblige de vous demander des larmes; mais des larmes proportionnées à fes merites, & à l'affection que vous luy portiez. Pleurez donc, Chreftiens, & ie parleray; ainfi nous rendrons vous & moy ce que nous deuons à la memoire du Duc de Coligny.

Quand les hommes seroient les artisans de leur propre felicité, & qu'ils disposeroient souuerainement de
leur fortune ; Ie ne crois pas qu'ils puissent raisonna-
blement desirer quelque chose au delà d'vne Illustre
naissance, d'vne vie glorieuse, & d'vne mort veritablement Chrestienne ; car la Naissance illustre, apporte à l'homme tous les auantages du sang ; la vie glorieuse luy acquiert le fruict de toutes les vertus, & la
mort Chrestienne le met en possession d'vne eternelle
felicité ; Ainsi dans le cours de peu d'années, il possede
la fleur de la noblesse, le pris du merite, & tous les
priuileges de la grace : & passe dans vne carriere, dont
les principes sont glorieux, le progrez admirable, &
la consommation bien-heureuse. Et cela s'appelle selon Dieu & selon le monde, naistre, viure, & mourir
heureux, *Iste moritur fœlix.* GASPAR DVC DE COLI-
GNY & Seigneur de Chastillon, est nay, à vescu, & est
mort de la sorte : Il est nay dans vne des plus nobles &
des plus anciennes Maisons de France, il a vescu de la
plus glorieuse maniere, & il est mort tres-Chrestienne-
ment ; Iugés apres cela, si vous luy deuez des larmes,
& si ie luy puis donner de legitimes loüanges : Com-
mençons par son illustre naissance.

Il n'y a rien dans la nature de si caché que l'origine
des fontaines, ny rien de si obscur dans l'Histoire que
la tyge & la souche des anciennes familles ; toutesfois
comme l'on juge de la beauté de ces viues sources par
le premier bassin qu'elles se forment en sortant des en-
trailles de la terre, bien que l'on sçache que les veines
en sont plus esloignées, aussi reconnoist-on la Noblef-

se des anciennes Maisons par la premiere marque de
grandeur qui les fait esclater dans l'Histoire, quoy que
l'on n'ignore pas qu'elles y sont venuës par degrés;
mais comme les sources qui naissent sur le haut des
montagnes sont communément les plus pures, les
plus belles, & les plus merueilleuses; les familles qui
prennent leur origine sur le Throsne, sont sans contre-
dit estimées les plus nobles & les plus illustres. C'est sur
le Thrône des Ducs & des Comtes de Bourgongne,
qu'en montant dans les siecles passés à la faueur de l'Histoire, nous descouurons la premiere Tyge de l'ancienne Maison DE COLIGNY.

MANASSES premier du nom, qualifié Duc &
Comte de Bourgogne, de Chalon & d'Autun, & qui
viuoit il y a plus de neuf cens ans; laissa deux de ses fils,
GILBERT ET MANASSES, possesseurs de ces deux
grandes Prouinces; Gilbert espousa la sœur de Raoul
Roy de France, de laquelle il n'eust qu'vne fille, qui ap-
porta en mariage le Duché à Otson, frere du Roy Hugues Capet; Le cadet appellé MANASSES second,
laissa le Comté à HVGVES son fils aisné, qui n'eût
qu'vne seule fille mariée à ADELBERT second Duc
de Lombardie, & Marquis d'Yurée Roy d'Italie, fils
de Beranger second Empereur & Roy d'Italie; par là,
le Duché & le Comté de Bourgongne, furent parta-
gés entre la France & les Roys d'Italie par le moyen
des filles.

MANASSES troisiéme, puisné de Hugues & fils de
Manasses second, demeura Comte de Coligny & du
païs de Reuermont; Et c'est par luy que cét illustre Sang

a passé

a paſſé de pere en fils en droite ligne, iuſques à Gaſpar
Duc de Coligny, & au Marquis de Saligny ſon Couſin,
mort auec luy à l'attaque de Charenton. Mais cette
noble ſource feconde en vertus & en merites, qui de
temps en temps a donné des Princes à l'Egliſe, des Ge-
neraux aux Armées, des Gouuerneurs aux Prouinces,
& des Officiers à la Couronne, s'eſt meſlée auec toutes
les plus nobles Familles ; tantoſt en les retenant en ſon
ſein, tantoſt en s'y communiquant par les mariages, &
par ce flux & reflux d'alliances, a receu & donné de l'é-
clat, à tout ce qu'il y a de plus grand & de plus eſcla-
tant dans l'Europe. Il m'euſt fallu plus d'induſtrie que
ie n'en ay reçeu de la nature, & plus de temps qu'on ne
m'en a donné, pour rechercher & recueillir toutes les
marques ſingulieres de grandeur, de cette ancienne
Maiſon ; & il me faudroit plus de loiſir que ie n'en ay
pour les deſcrire, quand ie les aurois trouuez. C'eſt
pourquoy ie ſuis contraint de me ſeruir de l'inuention
des Geographes, qui pour repreſenter le monde en
racourcy, marquent vne Ville par vn poinct, les plus
grands fleuues par vne ligne, & les Prouinces & les
Royaumes par la diuerſité des couleurs: Et de vous dire
en abregé que la Maiſon DE COLIGNY eſt vne des
plus grandes, & des plus anciennes du Royaume,
qu'elle a cét auantage ſur beaucoup d'autres de s'eſtre
alliée dans la Maiſon Royale il y a plus de ſix cens ans,
& depuis dans celles des Roys d'Italie, des Comtes de
Sauoye, de Maſcon, de Geneue, & de Champagne, des
Dauphins de Viennois, de Forcalquier, de Montagu,
puiſnés des anciens Ducs de Bourgogne, Princes du

Sang de France; dans les Maiſons de Villars, de Vergy, de Saligny Princes de Tarente, de Montmorency, de Laual, d’Entremont, de Ryeux, de Salmes, de Naſſaw, de Polignac, d’Amilton, de Vvitemberg, & de pluſieurs autres tres-remarquables. Comme les fleuues qui coulent dans nos campagnes, en portant la beauté & l’abondance par tout, en reçoiuent auſſi le tribut de tous les ruiſſeaux, & ſe groſſiſſent à meſure qu’ils s’aprochent de leur centre; Vous diriez que le ſang de Coligny, ne s’eſt reſpandu dans toutes les Familles de France, que pour joindre leur gloire à la ſienne, & que toutes ſes vertus eſparſes s’eſtoient ramaſſées dans le deffunt Mareſchal de Chaſtillon, pour donner naiſſance à GASPAR DVC DE COLIGNY, qui deuoit apporter vn nouueau luſtre à toute ſa race.

Ie ſçay bien, Meſſieurs, que les auantages que les hommes reçoiuent de leur naiſſance, ne produiſent qu’vne gloire imparfaite, & ne meritent qu’vne foible recommandation parmy les honeſtes gens : Ie confeſſe qu’il y a bien plus de plaiſir , de chercher dans les propres actions d’vn homme , les preuues de ſa nobleſſe, que d’eſuenter pour cela la pouſſiere des ſepulchres & contreroller toutes les Chartes d’vne Prouince; car la nobleſſe qui tire ſon origine de la vertu, ne peut ſe conſeruer que par la vertu; ce qu’ont fait nos ayeuls ne nous touche guiere plus , que ce que feront nos deſcendans , apres la reuolution de quelques ſiecles, & ſi nous ſommes deſcheus de leur merite, que nous ſert l’eſclat de leurs vertus, que pour faire dauantage remarquer nos imperfections ? Et

pour le dire en vn mot, c’eſt produire de mauuais titres de nobleſſe, que de n’alleguer que des papiers, que
des peintures & des Armoiries ; Et peut-eſtre trouuerez vous eſtrange, que demeurant d’accord de ces ve-
ritez, ie tire la loüange du Dvc de Coligny, d’vne
ſource eſtrangere, en ayant vne preuue continuelle
dans le cours de ſa vie, & que le pouuant enrichir du
trauail de ſes propres mains iuſques dans les portes de
ſon tombeau, ie le pare d’abord des liurées de ſes ayeuls.
Mais, Meſſieurs, auant que de condamner mon procedé, ie vous prie de conſiderer, que ſi ie ne deffere pas
tout à la Nobleſſe, au moins ne ſuis-je pas de l’aduis de
ceux qui font gloire de la meſpriſer, comme ſi elle
eſtoit peu conſiderable deuant la Diuinité & deuant les
hommes ; Il me ſemble que ce n’eſt pas vn des moindres preſents que les hommes reçoiuent de la liberalité
de Dieu, & puis que l’experience nous apprend, qu’vne
illuſtre Naiſſance donne preſque en vn moment, autant d’auátages qu’vne vertu laborieuſe en peut acquerir en pluſieurs années ; Ie ne ſerois pas d’auis, qu’on la
miſt au nombre des choſes indifferétes. En effet qu’eſt-
ce que peut produire la vertu meſme conſommée, au
jugement des plus ſages, que le repos, & la tranquillité
d’eſprit au dedans ; les richeſſes, les emplois, & les dignitez, au dehors ; que peut-elle faire de plus grand
que de vous eſleuer & de vous faire connoiſtre ; que de
vous mettre en eſtat de faire de grandes & de belles
actions, & d’acquerir de la gloire ; Et ne ſont-ce pas
les auantages que vous apporte tout d’vn coup la grande naiſſance ; comme le ſang en eſt plus eſpuré, les in-

clinations d’ordinaire en font meilleures , l’efprit en eſt
plus delié , l’ame plus forte , & la nature en fe joüant, luy
donne vne tranquillité & vne eſleuation , où la vertu ne
peut atteindre auec tous fes aduantages , ny auec le fe-
cours de la Philofophie. La Naiſſance illuſtre & rele-
uée porte auec foy les grandes richeſſes , qui font les
addouciſſements des chagrins de la vie ; les grandes
dignitez & les grands emplois , qui font les aiguil-
lons de la vertu ; Enfin la naiſſance fait le portrait d’vn
homme tout d’vn coup , & comme vne planche ſur
laquelle font grauées toutes les belles actions d’vne infinité de grands hommes ; elle imprime dans-le ſang
& fur le front des Nobles , des characteres d’authorité,
qui attirent le reſpect , l’amour , la foûmiſſion , & l’eſtime de tout le monde , au lieu que la vertu ne forme fon
portraict que peu à peu , & à diuers coups de pinceau,
encore n’eſt-ce qu’auec des ſueurs eſtranges , & des pei-
nes incroyables, encore faut-il perdre beaucoup de forces , & beaucoup d’années , pour atteindre à fes nobles
productions , qui fe reſſentent touſiours de l’âge qui les
produit , qui font chagrines , inquietes , & melancoli-
ques , & qui ne portent leur fruit , que quand on n’eſt
plus en eſtat de les gouſter ; Ne foyons donc pas ſi in-
iuſtes de meſprifer la naiſſance , puis qu’elle donne de ſi
grands auantages ; reconnoiſſons pluſtoſt que c’eſt vn
effet de la bonté de Dieu , qui difpofant de fes creatù-
res comme bon luy femble , fait naiſtre les vns fur le
Thrône , & les autres dans la pouſſiere ; & dans l’ordre
de la Politique cóme dás l’œconomie du Ciel. Auoüons
qu’il y a des Aſtres qui ne font plus efclatans que les autres,

tres, que parce qu'il a pleu à la Sageſſe du Seigneur de
les faire de la ſorte : Mais confeſſons que ce qu'il y a de
plus conſiderable dans vne grande naiſſance , c'eſt
qu'elle jette vne certaine impreſſion dans l'ame , & luy
impoſe vne bien-heureuſe neceſſité de ne pas degene-
rer de la vertu de ſes ayeuls ; C'eſt que le Noble void
dans ſa famille des lumieres perpetuelles qui ne s'eſloi-
gnent iamais ; trouue des Maiſtres & des precepteurs
domeſtiques qui le ſollicitent perpetuellement à faire
des actions, dignes du rang que luy donne ſa naiſſance.

Ce ſont Meſſieurs , les illuſtres auantages que le
Dvc de Coligny rencontre dans ſa Famille, le ſang
d'vn grand nombre de braues Heros , s'eſtoit ramaſſé
dans ſa perſonne, & couloit dans ſes veines ; il auoit
quitté tout le marc & toute la lie de l'imperfection pour
ne produire que des chef-d'œuures. De quelque coſté
qu'il jettaſt les yeux , il voyoit des exemples d'vne vertu
conſommée ; il voyoit vn Hvmbert I. du nom Sire
de Coligny & du Païs de Reuermont, ſuiure l'Empereur Conrad III. auec trois de ſes enfans dans la Terre-
ſainte, en l'an 1146. expoſer ſa vie & ſa famille , pour
conſeruer à l'Egliſe le Patrimoine de Iesvs-Christ
diſſipé par l'inondation des Barbares. En l'an 1202. il
voyoit Hvgves de Coligny employé à la con-
queſte de Conſtantinople , choiſy par tous les Princes
Chreſtiens pour défendre la ville de Serres contre Ia-
niza Roy de Bulgarie , & ſceeller par ſa mort les preuues immortelles de ſa fidelité, de ſon courage & de ſon
zele. Il voyoit Iean de Coligny viure, mourir &
triompher à la bataille de Nicopolis contre Baiazet ;

D

Iacqves Comte de Coligny mourant victorieux à la bataille de Rauenne ; & Gaspar son frere Mareschal de France à Acqs , conduisant l'armée de François I. en Guienne; apres auoir porté la terreur & l'effroy dans l'Italie , aux guerres de Charles VIII. & de Loüys XII. & dans la Grece au siege de Metelin, contre le Turc, & remply toute la terre de leur renommée ; Il voyoit Gaspar II. du nom Comte de Coligny victorieux à la bataille de Cerizoles , conquerant dans le Boulonnois, & reuestu des charges de Colonel de l'Infanterie Françoise & de grand Admiral de France ; François Comte de Coligny son Ayeul, Lieutenant General des armées du Roy Henry IV. à dix-neuf ans, contraindre le Mareschal de Danuille son Cousin auec des forces inesgales, de leuer le siege de Montpelier ; triompher de la deffaite de cinq cens Gentilshommes commandez par Saueuse, en suite des Barricades de Tours, où il se signala pour la deffence du Roy Henry III. comme aussi au combat d'Arques & au siege de Chartres. Il regardoit son Pere couuert des lauriers qu'il auoit cueillis, en gagnant la fameuse Bataille d'Auain, & conquerant plusieurs places considerables sur les ennemis, en conduisant tant au dehors qu'au dedans du Royaume, onze armées Royales ; & vne infinité d'autres grandes & belles actions, qui ont consacré son nom, & l'ont rendu immortel à la posterité : Et au dessus de tout cela, Monseignevr, il auoit l'idée du parfait Heros, dans la personne de voltre Altesse, à qui Dieu sans doute a donné le veritable Genie de la guerre ; l'Histoire ne luy pouuoit fournir que des essais de courage, mais il en voyoit tous les iours des chef-d'œuures dans vos actions.

Que pensez - vous Messieurs, que deût faire le Duc de Coligny , apres de si grands & de si beaux exemples ? pensez-vous qu'il peût contempler les faits heroïques de ses ayeuls , sans estre touché d'vn aiguillon de gloire ? sans estre piqué du desir de les imiter pour se rendre digne de leur rang ; & pour grossir à ses descendants le nombre des exemples de vertu , qu'il auoit trouuez dans sa Famille ? S'il consultoit les mouuements de son cœur, il sentoit boüillir dans ses veines, le sang des victorieux ; s'il regardoit leurs images , il y voyoit l'idée de la parfaite vertu ; ses Peres en luy donnant la vie, luy auoient donné leurs inclinations,& le faisant heritier de leurs biens,l'ont laissé possesseur de leur nom,de leurs vertus , & de leurs exemples. Si la statuë de Cesar inspiroit la vertu, si son image en frappant les yeux renouuelloit la memoire de ses belles actions, & faisoit naistre dans les cœurs genereux les desirs d'aller à la gloire, par les chemins qu'il auoit tenus, comme dit Seneque ; Si ses statuës de pierre & de bronze eschauffoient l'ame de ceux mesme, qui n'auoient aucune attache à Cesar , ny par les liens du sang, ny par les maximes d'vne mesme Religion , ny par les loix d'vn mesme païs ; quelle impression pensez-vous que fissent dans le cœur du Duc de Coligny, ces exemples domestiques & paternels ? croyez - vous que l'art du Sculpteur & du Peintre, soit plus puissant que la nature ?que Cesar trouue des imitateurs

chez les Eſtrangers;& que les COLIGNYS n'en trouuent point dans leur race ; Et ſi l'image de Ceſar a fait
tant de grands Capitaines, ne doutez point que le
ſang, la vie, l'image & les exemples de tant de Ce-
ſars, ne puiſſent former vn Heros de leur ſang & de
leur Famille ?

Non Meſſieurs, vous n'en pouuez douter, puis
que vous auez eſté teſmoins de ſes actions, & vous
en ſerez conuaincus ſi vous prenez la peine d'enten-
dre, qu'il a donné à ſon illuſtre naiſſance, vn eſclat
tout nouueau, par vne vie toute glorieuſe.

LA Vie de la gloire, c'eſt proprement la vie de la
vertu, qui ne ſe trouue que dans les ames heroïques ; comme il y a differents degrez de vie entre les
plantes & les animaux ; ou pour parler plus nette-
ment, comme il y a des plantes, où la vie vegetante
paroiſt mieux, que dans les autres, & des animaux,
où la vie ſenſitiue ſe monſtre plus eſclatante ; auſſi y
a-t'il des hommes dans leſquels la vie raiſonnable ſe
fait voir auec plus d'auantage, il y en a de ſi terreſtres
& de ſi brutaux, qu'on a peine d'y reconnoiſtre la
moindre eſtincelle de raiſon ; Mais il y en a de ſi bien
nais, que vous diriez à voir leur conduite, qu'ils n'ont
le corps, que par bien-ſeance, & dans lequel l'ame
fait toutes ſes fonctions, comme ſi elle auoit quitté
le marc & la lie de la corruption, & qu'elle fuſt inde-
pendante de la matiere : ceux-là parmy les ſpirituels
s'appellent les vrays Chreſtiens, qui adorent Dieu en
eſprit & en verité ; qui viuent de la Vie de IESVS-
CHRIST,

CHRIST, comme s'il estoit à leur ame, ce que leur ame est à leur corps: & entre les Politiques & les mondains, ce font ceux que l'on appelle les honnestes gens, qui en toutes leurs actions ne regardent que la gloire; & qui ne fe remuënt que par deux refforts, par l'honneur, & par la probité. C'eft Meffieurs, ce que vous me permettrez auiourd'huy d'appeller la vie de gloire.

La nature & la grace en auoient jetté les fondemens dans le DVC DE COLIGNY, il les a cultiuez auec tout le foing poffible, & mefnagez auec vne prudence incroyable. La gloire de la vie defpend de trois chofes principalement, des attaches de la vie, comme des alliances & des amis; des conditions de la vie, comme des employs, des charges & des dignités: Et des actions de la vie, parce que la reputation & le repos de la confcience, y font neceffairement attachez. C'eft en quoy le DVC DE COLIGNY auoit efté parfaitement heureux, il n'auoit fait que de nobles alliances & de folides amitiez; il n'auoit eu que de beaux employs, il n'a fait que de belles actions.

Puis que l'homme eft nay pour la focieté, & que cette focieté s'entretient, ou par l'alliance du fang ou par le commerce des amitiez; ie ne m'eftonne point fi les fages de tout temps ont efté tres-delicats au choix des alliances & des amis; & s'ils ont creu, que le meflange du fang par le mariage ne lioit pas feulement les interefts; mais qu'il confondoit les inclinations; & que le commerce de la conuerfation

des amis, faifoit entr'eux comme vne transfufion
d'efpris & de mœurs, & que dans l'vn & dans l'autre,
la gloire des hommes y eft attachée ; dis-moy quels
font tes amis, & ie te diray qui tu es, difoit vn Philofophe ; la femme eft la gloire du mary, difoit faint
Paul, *vxor gloria viri eft.*

Le Dvc de Coligny n'euft pas pluftoft formé le deffein de penfer au mariage, qu'il fit vn choix
digne de fon fang, de fon efprit, & de fon courage ;
& quoy que par les reigles du bien, du merite, & de
la condition, il peut traiter cette alliance en la maniere accouftumée ; il prit des routes toutes extraordinaires ; foit que par la deftinée des grandes ames,
qui ne fe plaifent qu'aux chofes difficiles, il ne peut
s'affujettir aux loix receües ; foit que fon affection
qui n'eftoit pas commune ne fe peut tenir à des conditions vulgaires ; foit enfin que le merite de la perfonne qu'il auoit choifie eftant tres-rare ; il n'en
creut deuoir acquerir la poffeffion qu'au prix de fon
amour & de fon induftrie, & qu'il voulut à l'imitation d'Alexandre, mefler quelque image des fatigues
de la guerre aux douceurs de fon mariage : tant y a
qu'il fit vne alliance qui portant l'honneur & la vertu
dans fa Famille, la remplit de toute forte de benedictions.

Dittes-moy Meffieurs, s'il vous plaift, s'il eftoit
iudicieux dans le choix de fes amis ; ou s'il eftoit heureux à les rencontrer ; ie n'en fçaurois prendre de
plus finceres, ny de plus fidelles tefmoins que vousmefme. Ce torrent de larmes qu'il a tiré de vos yeux ;

ce fleuue de loüanges, qui a coulé de vos bouches
apres fa mort, font des marques affeurées qu'il auoit
des amis ; Les Iuifs iugerent fainement que I E S V S-
C H R I S T aymoit le Lazare, parce qu'ils le veirent
pleurer fur fon tombeau, *dixerunt Iudæi ecce quomodo
amabat eum.* Et cette approbation vniuerfelle qu'on
luy a donnée dans tous les païs où il s'eft monftré, &
qu'il a arraché mefme de la bouche de fes propres ennemis, eft vne preuue conuincante qu'il eftoit veritablement aymable.

Il l'eftoit fans doute Monfeigneur, puis que vous
l'auez iugé digne de voftre amitié : Si-toft que les merites eurent gagné voftre eftime, vous l'honoraftes
de voftre affection : le fang de Coligny, fi fouuent
meflé auec le fang de France, & de Montmorency,
fit naiftre cette inclination, que la douceur de fes
mœurs, la beauté de fon efprit, & la fidelité de fes
feruices, auoient toufious entretenüe ; vous l'efti-
maftes digne de tous les plus grands employs, parce
que vous l'auiez trouué digne, d'auoir part en voftre
cœur, qui ne fçauroit s'appliquer qu'à de grands fu-
jets : voftre amitié Monfeigneur, luy fut pendant fa
vie, vtile, agreable, & glorieufe, & pour luy en donner des preuues dignes de voftre inuincible courage,
vous le miftes en eftat de vaincre auec vous, & vou-
luftes luy faire part de la gloire, que vous auiez efté
cueillir à la tefte de tous nos bataillons & de tous nos
efcadrons, dans la fameufe bataille de Lens. En cela
Monfeigneur, les fentiments de l'amitié furent plus
forts, que la paffion de la gloire, & j'oze dire que c'eft

en quoy vous n'auez pas seulement surpassé tous les
Conquerants de l'antiquité ; mais que vous vous
estes surmonté vous-mesme ; ces grands Heros par-
tagoient les despoüilles de l'Ennemy entre les sol-
dats ; mais ils se reseruoient toute la gloire des bons
succez, comme vn bien qui leur appartenoit legiti-
mement ; Vostre Altesse laissant toutes les despoüilles
de l'Ennemy à la discretion du soldat, voulut faire part
de la gloire aux Chefs, & la distribuer magnifiquement
apres l'auoir iustement gagnée : Et parce que le Dvc de
Coligny l'auoit portée iusques à vous ; dans le fort
de la meslée, vous luy vouilustes rendre prodigalement
apres le combat ; & l'enrichir d'vn bien qui vous appartenoit, parce seulement qu'il vous auoit aydé à l'acquerir : vous dites hautement, & vous l'auez souuent
reïteré, qu'il n'y auoit rien dans le Royaume au dessus
des merites du Duc de Coligny ; que vous auez voulu
Couronner de gloire par vostre approbation, quand
vostre puissance a esté empeschée par sa mort precipitée de le faire combler de bien-faits, & de luy faire
posseder les honneurs qui luy estoient si ligitime-
ment deus.

Mais reuenons à ses emplois & à ses charges, qui
sont les characteres de l'authorité du Prince, & des occasions de gloire pour les sujets. Ce n'est pas pour estre
chargez de titres, de dignitez & d'emplois, que les hô-
mes doiuent estre plus estimez des sages, bien que se
soit des Throsnes de gloire pour les belles ames, se font
pour les effeminez des theatres d'infamie & de deshon-
neur ; la veritable gloire ne consiste donc pas à les rece-

uoir ;

uoir, car les plus imbecilles en font capables : Mais elle
confiste à les bien faire valoir, à ne se point laisser acca-
bler sous le poids de la charge, & sous le faix de la dignité ; à sçauoir mesnager & remuer adroitement la
puissance qu'on a receuë. Il ne faut pas que la charge
donne tout le lustre & tout l'esclat à celuy qui la possede, il faut que l'homme anime sa charge, & se rende
recommandable par sa propre vertu.

Le Dvc de Coligny est entré dans toutes les
Charges par la porte de la Victoire, & a côtraint la Fortune de les luy donner, deuant le temps. Dans la Hol-
lande, où il commença de faire la guerre, il fut Mestre
de Camp d'vn Regiment d'Infanterie, Capitaine d'vne
Compagnie de Caualerie, & puis enfin General des
troupes Françoises. En France il eut la conduite du Regiment de Piedmont, apres la bataille de Sedan. Au
siege de Thionville on le fit Mareschal de Camp, bien
qu'il n'eust alors que vingt & deux ans ; mais sa vertu &
son experience auoient surpassé la force de son aage.
En Catalogne il commanda la Caualerie-legere, &
fut Lieutenant General des armées du Roy dans la Flan-
dre à la derniere Campagne ; tellement que l'on peut
dire auec le Sage, *consummatus in breui, expleuit tempora
multa*, qu'en peu de iours, il a remply plusieurs années ;
que comme si son courage n'auoit peu estre arresté,
par tous les obstacles qui se rencontrent, dans le che-
min de la gloire, il estoit paruenu presque en vn instant
aux plus grandes charges de l'armée, quoy qu'il n'y fust
pas esleué, par le coup de quelque aueugle fortune,
mais qu'il y fust monté par les degrez du merite. Ce

n'eſt pas pourtant ce que ie trouue de plus glorieux
dans ſa vie ; ie vous ay deſia dit que les charges, peu-
uent eſtre le partage des laſches, auſſi-bien que des
courageux, & que ſouuent la fortune proſtituë les graces aux indignes. Mais ſçauez-vous ce que i'eſtime le
plus dans le Dvc de Coligny, & ce que i'y trouue
de plus remarquable ; C'eſt qu'il ſçauoit honorer tous
ſes employs, & animer toutes ſes charges, c'eſt qu'il
ſçauoit meſnager vtilement ce rayon de puiſſance Sou-
ueraine. Et ſi vous voulez ſçauoir, comme il les a di-
gnement poſſedées, eſcoutez ce qu'il a fait ? auſſi-bien
ne connoiſt-on l'arbre que par les fruicts, dit l'Euangile,
ny l'homme que par les œuures.

Mais Meſſieurs, que vay-je faire ? qu'attendez-vous
de moy ? croyez - vous que j'entreprenne de conter
toutes ſes belles actions ; il faudroit que ie ſceuſſe le
nombre des heures, qu'il s'eſt trouué aux occaſions de
la guerre. Penſez-vous que ie veüille meſme, vous repreſenter celles qui ont le plus eſclatté dans le cours de
ſa vie ? Et que le prenant au ſiege de Reinberg, qui fut
ſon coup d'eſſay, ſous le feu Prince d'Orange ſon Couſin ; ie le conduiſe par les ſieges, d'Iury, de Damuilliers,
de Sainct - Omer, de Ranthy, du Caſtelet & d'Arras,
(où il gaigna le fort de Rantzau que les ennemis auoiét
emporté de force, & receut ſes premieres bleſſures)
iuſques à la bataille de Sédan, où par vn effort de ſa
prudente conduite & de ſon inuincible courage, il deſ-
gagea le Mareſchal de Chaſtillon ſon Pere qui com-
mandoit l'Armée, d'entre les mains de l'ennemy, ſau-
uant ainſi heureuſement la liberté à celuy qui luy auoit

donné la vie ; Et prenant de sa main la clef de la victoire , hereditaire à la Maison DE COLIGNY , pour la
porter dans toutes les occasions de la guerre, où il se
trouueroit à l'auenir ? Comment voudriez-vous que ie
le suiuisse aux sieges de Thionville , de Lannoy , de
Courtray, de Mardik, de Dunkerque, d'Ypre, & à la
bataille de Lens, iusques à l'attaque de Charenton, où
il receut le coup de la mort, apres auoir frappé à la teste
de nos troupes le coup de la victoire ? Non Messieurs,
ie n'entreprend pas de les exprimer, ie les marque seulement pour en réueiller la memoire ; vous en auez esté
la plus part les spectateurs, & ie courrois fortune de ne
vous faire que de mauuais pourtraits de ses excellents
originaux, qui ne doiuent paroistre que comme sortis
de la main du Maistre ; car le discours n'est pas comme
la peinture, qui fait voir en vn instant ce qui s'est fait
en plusieurs siecles, & en differents endroits ; il ne mon-
stre les choses que piece à piece, par lambeaux, & à di-
uerses reprises. Tout ce que ie puis faire, Messieurs, c'est
d'en rechercher la source, & de voir par quels ressorts,
cette ame si tranquille dans le commerce de la vie Ciui-
le, estoit si forte & si vigoureuse dans les occasions de la
guerre.

Certes, Messieurs, il faut auoüer que les grandes
ames, ne sçauroient jamais rien faire paroistre de me-
diocre ; de quelque sorte qu'elles s'expliquent, soit par
les actions, soit par les paroles, il faut tousiours qu'elles
y jettent vne impression remarquable de grandeur qui
les fait admirer de tout le monde ; cette grandeur d'ame
paroist mesme dans les plus petites actions ; aussi-bien

que dans les plus grandes , dans les plus sombres aussi bien que dans les plus esclatantes , parce que les moindres actions sont tousiours assorties à la iuste proportion que la prudence requiert ; ie crois mesme que l'on reconnoist mieux la portée de l'Ame dans les actions communes que dans les plus extraordinaires , parce qu'en celles-là , l'ame se desploye sans art & sans preparatifs ; elle paroist dans sa naïue simplicité ; au lieu que dans celle-cy elle s'estudie & se pare , elle se farde & se desguise , pour faire vn grand effort , apres lequel elle se repose. Et c'est ce qui faisoit dire à vn ancien Orateur parlant à Trajan , qu'il le trouuoit aussi grand , quand il estoit descendu de son throsne pour se communiquer à son peuple , que lors qu'il y estoit esleué pour prononcer des Edits , & faire des Ordonnances.

L'on ma dit vne chose toute pareille du Dvç de Coligny , la vertu qui s'estoit renduë maistresse de son cœur & de son esprit , l'auoit tellement preparé à toutes les fonctions de la vie humaine , qu'on eust dit qu'il estoit nay pour toutes les choses qu'il entreprenoit ; en cela il imitoit le procedé de nostre Dieu , quand il fait Iustice , vous diriez qu'il a banny toutes les autres vertus, bien qu'elles ne le quittent jamais. Et quand il fait misericorde , l'on diroit qu'il a oublié les reigles de la Iustice. Ainsi quand le Dvc de Coligny estoit à la guerre , vous eussiez dit qu'il ne respiroit que le sang & le carnage ; & lors qu'il estoit sorty du combat , il estoit doux, paisible , & complaisant à tout le monde ; ou bien pluistost disons qu'ayant receu de Dieu la semence de toutes les vertus , il les auoit toutes cultiuées ; il les

auoit

auoit enchaifnées de telle forte, qu'il les faifoit agir
felon les mouuements de fon efprit : on n'eût fceu dire dans le progrez de fa vie, voila vne action de prudence, en voila vne de juftice ; Celle-là de vaillance;
celle-là d'humanité ; celle-là de douceur ; celle-là de
magnificence, mais tout ce qu'il faifoit fembloit eftre
meflé & composé de toutes les vertus enfemble, *decer-
pebat fummitates ex fingulis virtutibus* ; Et comme le Sage
des Stoïques, il n'agiffoit iamais qu'il ne les fift agir
toutes enfemble ; pour former le tableau de fa vie, il
en fçauoit mefler induftrieufement toutes les couleurs, il les faifoit regner alternatiuement.

Meffieurs ; ne vous y trompez pas, il n'y a que la
feule vertu, qui puiffe faire les grands Heros, quelque authorité, quelque puiffance qu'vn homme poffede, il eft petit, s'il eft vitieux, oftez-luy la vertu
vous le trouuerez petit en toutes chofes. Il eft petit
en fes dons, car il eft auare ; il eft petit en fes trauaux,
parce qu'il eft delicat ; il eft petit en fa Religion en-
uers Dieu, parce qu'il eft fuperftitieux ; il eft petit en-
uers les bons, parce qu'il eft enuieux ; il eft petit entre
les hommes, car il eft lafche ; il eft petit entre les fem-
mes, à caufe qu'il eft vitieux, Et fi la fortune l'efleue
à quelque eminente dignité, ce n'eft que pour le faire
paroiftre plus petit, pour le defcouurir, pour le def-
crier, & pour le deshonorer dauantage.

Mais Meffieurs, quoy que les vertus que le Dvc
DE COLIGNY auoit acquifes, fuffent grandes deuant les hommes ; elles eftoient nulles deuant Dieu,
tandis qu'il a vefcu dans l'erreur ; il n'y a point de ver-

tu parfaite, dit fainct Augustin, fans le Christianifme,
& le Christianifme eft vne erreur, s'il eft meflé d'herefie, & de fuperftition ; Le Christianifme anime,
embellit & fortifie toutes les vertus ; il leur donne
l'efclat, le luftre, & le merite ; c'eft le dernier trait qu'il
faut adjoufter à la vertu Morale pour la rendre parfaite ; Toutes les vertus du DVC DE COLIGNY
eftoient efclaues, tandis que fon efprit eftoit dans
l'herefie de Caluin ; Et certes ie ne mets pas fa con-
uerfion au nombre de fes actions vulgaires ; ie la mets
au nombre des plus efclatantes, foit qu'on la iuge par
les maximes de l'Euangile, foit qu'on la mefure aux
reigles de la prudence mondaine. Et s'il eftoit en eftat
de nous refpondre, & que vous luy demandaffiez, laquelle de toutes les actions de fa vie luy fut la plus
difficile, il refpondroit ie m'affure que ce fut celle-là.
Il nous diroit fans doute qu'il n'eût jamais tant de peine à vaincre fes ennemis qu'à fe vaincre foy-mefme,
& qu'il n'a jamais tant trauaillé à furmonter fes paf-
fions, qu'à affujettir fon efprit. Le fang des COLI-
GNYS autrefois fi zelé à la caufe de l'Eglife, qui auoit
efté porter iufques dans l'Orient les marques de fa
pieté, s'eftoit departy depuis quelque temps de fon
obeïffance ; cette noble fource s'eftoit efcartée de fon
propre canal, & ces genereux Guerriers par vn faux
zele de la Loy deftruifoient veritablement la Loy.
Zelo legis impugnabant legem ; Dieu frappa le cœur du
DVC DE COLIGNY, & luy infpira de ramener
ces ruiffeaux à l'Eglife Romaine, comme à la mere des
fidelles. Mais bon Dieu, que de difficultez à furmon-

ter, & que d'obſtacles à vaincre; il faut renoncer à ſes intereſts, ſurmonter la mauuaiſe honte, ſe preparer à la calomnie, eſtouffer vn million de ſcrupules qui naiſſent dans ce changement de Religion, & choquer les inclinations, les conſeils, & les volontez d'vn Pere iudicieux & d'vne ſage Mere, ſans violer pourtant le reſpect ny l'obeïſſance, que Dieu commande aux enfans de rendre à leurs parens.

Le D vc de Coligny l'entreprend auec prudence, & l'execute auec courage. C'eſt icy ſans doute où il eût beſoin de toutes les forces de ſon eſprit, de toutes les graces & de toutes les vertus du Ciel. S'il n'eût fallu que vaincre des ennemis eſtrangers, il luy eut eſté facile, il y eſtoit tout accouſtumé; ſon ſeul nom eſtoit capable de leur donner l'eſpouuante; mais il falloit ſe vaincre ſoy-meſme, & trouuer en ſoy-meſme vne partie foible; il n'y en auoit point. En quoy certes le combat eſtoit plus dangereux, & par conſequent la victoire plus glorieuſe; il auoit ſoigneuſement diſpoſé ſon holocauſte, à l'imitation d'Elie, il s'eſtoit preparé de longue-main; il auoit conferé de ſon ſalut, & lors qu'il eût inuoqué le ſecours du Tout-puiſſant, le feu deſcendit du Ciel, deuora les holocauſtes & les victimes, & d'vn heretique en fit vn Catholique tres-zelé: car c'eſt vne remarque qu'il faut faire à la confuſion de ceux qui ont touſiours eſté nourris dans la veritable Egliſe; qu'ils ont moins de Religion que les nouueaux conuertis à mon auis, parce que la Religion n'eſt aymable qu'à ceux qui la connoiſſent, & que les nouueaux con-

uertis ayant esté obligez de la connoiſtre , ſe trouuent comme neceſſités à l'aymer , & par conſequent
à la pratiquer auec plus de fidelité. Sa conuerſion
luy acquiſt beaucoup de gloire deuant Dieu & deuant les hommes , à ce coup.toutes ſes vertus receu-
rent vne nouuelle force ; & bien qu'auparauant elles
ne luy peuſſent acquerir qu'vne gloire paſſagere : elles commencerent deſlors à luy acquerir vne gloire
d'immortalité. Tellement qu'à ſuiure tout le cours
de ſa vie , on la trouue ſi pleine & ſi remplie de grandes actions , que l'on peut dire auec verité , *Conſum-*
matus in breui expleuit tempora multa , qu'elle a eſté ter-
minée en peu de iours ; mais qu'en peu de iours , il a
fait de grandes actions qu'il a terminées par vne
mort veritablement Chreſtienne & glorieuſe.

C'Eſt apres la mort qu'il faut porter iugement
de l'homme , pendant le cours de ſa vie , ſes deſ-
ſeins ſont cachés , toutes ſes actions ſont equiuo-
ques , ſon courage n'eſt qu'eſbauché ; mais apres ſa
mort , tout paroiſt à nud & à deſcouuert : *Et in fine ho-*
minis denudatio operum illius ; Ses œuures ſont expoſées
ſans déguiſement , l'on a donné les derniers traits au
tableau ; il eſt acheué , & parce que la mort eſt la
derniere action de la vie , c'eſt par la mort qu'il faut
iuger de toute la vie.

Ie conſents , Meſſieurs , que nous iugions par là ,
des merites du Duc de COLIGNY , parce qu'en verité il a terminé vne vie glorieuſe , par vne mort veritablement Chreſtienne ; & par conſequent , il a re-
hauſſé

hauſſé par ſes derniers traits tout l'eſclat & tout le
luſtre de ſes belles actions ; Et ſi ſa mort vous ſemble precipitée, parce que ſa vie a eſté fort courte, &
qu'vn funeſte coup l'a rauy dans la fleur de ſon aage,
dans le printemps de ſa fortune, auant qu'il ait eu le
loiſir de cueillir les fruits de ſes merites : Permettez-
moy de vous dire, que pour eſtre trop auancée ſelon
voſtre iugement, elle n'en eſt pas moins parfaite au
iugement de Dieu : *Iuſtus ſi morte præoccupatus fuerit in
refrigerio érit.* Ne regardons pas quand il eſt mort, ce
n'eſt pas vne choſe de grande conſequence ; mais
examinons comme il eſt mort ; mourir toſt ou tard,
dit Seneque, n'eſt pas conſiderable „ *citò vel tardè mori ad rem non pertinet bene vel male mori hoc ad rem pertinet;*
mais mourir bien, ou mourir mal , c'eſt ce qui decide
tout, & c'eſt la plus grande des affaires humaines.

En effet, vous vous trompez Meſſieurs , ſi vous
croyez que la plus longue vie ſoit la meilleure, ce n'eſt
pas celuy qui paroiſt le plus long-temps ſur le Thea-
tre qu'on eſtime le meilleur Acteur, c'eſt celuy qui
iouë le mieux ſon perſonnage. Si la vie eſt vne guerre continuelle „ comme dit le patient Iob, celuy-là
n'eſt-il pas le plus heureux qui en ſort le pluſtoſt par
vne ſignalée victoire ; ſi c'eſt vn enchaiſnement de
miſeres & de diſgraces, croyez-vous que le ſage en
puiſſe demander la durée ? & ſi c'eſt vne priſon dans
laquelle nous ſommes enchaiſnez, comme parle l'A-
poſtre ; ne croyez-vous pas qu'on nous oblige quand
on nous ouure la porte de bonne-heure ? Ce ſont
ſes amis que Dieu appelle le pluſtoſt, au ſentiment de

l'Escriture ; Et au iugement des doctes , la vie des
Heros & des demy-Dieux, ne fut iamais plus longue, parce disent-ils, que Iupiter ne permet pas que
ses amis tombent dans vne foible & ennuyeuse vieil-
lesse ; & apres tout,celuy n'a-t'il pas assez vescu, qui a
vescu tout ce qu'il deuoit viure ? C'est pour auoir
bien employé le temps qu'on merite loüange ; &
qu'est-ce que la plus longue vie des hommes, qu'vn
petit poinct , si vous le comparez à l'Eternité.

Sur ce fondement, ne concluons rien au desauan-
tage du Dvc DE COLIGNY , si nous le voyons emporter dans la fleur de son aage,disons au contraire, qu'il
luy est auantageux d'estre sorty de ce monde, puis
qu'il en est sorty par la porte de la gloire , mourant
genereusement pour le seruice de son Prince ; & par
la porte du salut , mourant Chrestiennement en con-
sacrant sa vie à IESVS-CHRIST : disons auec le Sage ce que nous auons desia dit , que *consummatus in
breui , expleuit tempora multa* , qu'en peu de iours il a
plus vescu , que les autres en plusieurs années ; &
qu'il falloit bien que Dieu cherit son ame , puis qu'il
s'est hasté de la retirer de cette region de mort & de
cét abysme de desolation & de crimes. Qui se peut
plaindre que l'on l'ait tiré de l'embrazement de la
concupiscence , qu'on l'ait sauué du naufrage & de
la tempeste ? Il est mort dans l'ardeur de la jeunesse;
c'est la fortune des Heros ; il en a fait les actions;c'est
le destin des puissans de la terre, dit l'Escriture, *Omnis
potentatus vita breuis* , il estoit sorty du sang des Roys,
quelle merueille s'il en ressent l'impression. Apres

tout, difons de noftre Duc, ce que faint Ambroife difoit de l'Empereur Theodoze, *perfecta eft ætas vbi eft per-*
fecta virtus, l'aage eft parfaite quand la vertu eft con-
fommée. I'attefte voftre confcience, Meffieurs, vous
qui viuez prefque toufiours entre les bras de la mort,
penfez-vous, qu'vne pareille à celle du Duc de Coligny, doiue eftre jugée malheureufe? ou pluftoft ne la
iugez-vous pas digne d'enuie, felon toutes vos maximes politiques & militaires? mourir les armes à la main
pour deffendre l'authorité de fon Prince, n'eft-ce pas la
plus forte paffion des ames les plus nobles? le DVC DE
COLIGNY eft mort de la forte. Mourir apres auoir
triomphé, tout chargé de Palmes, & tout couronné de
Lauriers, & marquer le dernier iour de fa vie par vne
glorieufe victoire, n'eft-ce pas l'ambition de tous les
grands Capitaines?

  Le Duc DE COLIGNY eft mort de cette façon,
mourir durant vn concert de loüanges; dans l'acclama-
tions publique, faifant couler les larmes des yeux du
Roy, de la Reyne, des Princes, des Princeffes, de tous
les grands de l'Armée & du Royaume, regreté de tous
les foldats, pleuré de tous les peuples de l'vn & de l'autre
party, n'eft-ce pas le defir de toutes les grandes ames?
le DVC DE COLIGNY eft mort de cette maniere. Helas Meffieurs, combien y en a-t'il, à qui la vie eft donnée comme en punition de leurs crimes, qui fe fau-
uent des tremblemens de terre, des ruïnes de quelques
grands edifices, qui ont efcrazé des millions de per-
fonnes, pour lefquels il femble que toutes les armes
du Ciel ont eu de la connoiffance & de l'adreffe pour fe

deſtourner de leur teſte, & teſmoigner par le ſoing de
l'eſuiter, qu'ils ont eu commandement exprés de les
conſeruer au milieu de tout vn monde periſſant : qui ſe
ſauuent d'vn embraſement, & qui trouuent leur ſalut
dans la tempeſte, pour eſtre expoſez dans la bonace à la
furie de leur deſeſpoir ; qui s'arrachent d'entre les bras
d'vne vie glorieuſe, pour ſe conſeruer quelques moments d'vne malheureuſe vie, qui doit finir par vne
tragedie toute ſanglante ; Croyez-vous ceux-là heureux Meſſieurs, parce qu'eſtant jeuſnes, ils ont eſuité la
mort? ou bien pluſtoſt ne les eſtimez-vous pas malheureux, d'auoir conſerué auec infamie, vne vie qu'ils
pouuoient perdre auec honneur ? Deſabuſons-nous
Meſſieurs, & n'eſtimons la vie que ce qu'elle vaut,
deſtrompons noſtre eſprit, eſpurons noſtre imagina-
tion, arreſtons ſes troubles ; & diſons auec Seneque,
que ceux-là l'eſtiment qui ne la connoiſſent pas, car
perſonne ne la receuroit, ſi l'on ne la donnoit qu'à des
bons qui la connoiſſent: Voila ce me ſemble vne raiſonnable conſolation, pour les mondains, mais voicy
vn grand ſubiet de conſolation pour les Chreſtiens.

Si-toſt que le Duc DE COLIGNY, ſe ſentit bleſſé, il
creut que le coup eſtoit mortel, & apres auoir dit quelques paroles aux ſoldats pour leur donner courage,
d'acheuer glorieuſement, ce qu'ils auoient ſi genereu-
ſement commencé ; apres auoir entretenu quelques
momens ſes amis & ſes domeſtiques ; ſoit pour diſpo-
ſer de ſes affaires, ſoit pour exprimer la fidelité de ſon
affection ; il ſe reſolut de deſtourner entierement toutes les penſées du monde, pour employer le peu de
temps

temps qui luy restoit aux affaires de son salut ; si bien
que deslors il acheua de viure au monde, pour ne viure
desormais, & ne mourir qu'en IESVS-CHRIST.

C'est icy Messieurs, où ie vous coniure de redou-
bler vostre attention ; c'est sans doute la plus belle partie de sa vie, & la plus vtile pour vous. Il sentit sa mort,
& tout incontinent il dit mourons en IESVS-CHRIST ;
il en fut assuré par la bouche de son Confesseur, sur la
deposition des Chirurgiens qui auoient sondé sa playe :
Et voyant son ame sur le point de se destacher de son
corps, il l'attacha fortement à la volonté de Dieu, *fiat*
voluptas tua. Vn jeune homme engagé dans les passions
de la jeunesse, attaché au monde par tous les liens les
plus forts que l'on se puisse imaginer ; qui auoit l'ame
toute pleine des pretentions d'vne tres-grande fortune,
qui se voyoit à la veille d'estre esleué au plus haut point
d'honneur, où puissent aspirer les plus grands hommes
dans vn Estat ; entend la nouuelle de sa mort auec vn
visage serain & constant, brize tous ses liens, romp
toutes ses chaisnes, & abandonne toutes ses esperances
en vn moment. Certes ce changement est vn coup de
la grace toute-puissante de nostre Dieu, *hæc mutatio dex-*
teræ excelsi. Il falloit bien qu'il se fust fortement attaché
à Dieu, puis qu'il s'est si aisément destaché du monde.

C'est vne chose que l'experience iustifie tous les
iours, que dans les approches de la mort l'ame redouble ses forces, & fait reuiure presque toutes ses hu-
meurs, ou du moins fait-elle paroistre les plus fortes &
les plus enracinées, comme vn flambeau qui multiplie
ses rayons en s'esteignant. La Theologie soustient que

I

c’eſt auſſi le moment auquel le Demon redouble
toutes ſes forces pour nous perdre ; mais elle nous
aſſeure que Dieu plus jaloux de noſtre ſalut que le
Demon, n’eſt deſireux de noſtre perte, multiplie ſes
graces, & les reſpand auec abondance : ſi bien que
c’eſt dans ces derniers moments que la grace eſt aux
priſes auec la nature ; & que le Demon ſe met entre deux pour fortifier la nature contre la grace, &
du ſuccez de ce combat deſpend noſtre bon-heur
ou noſtre mal-heur eternel.

Ceux qui ont eſté ſpectateurs de la mort du Duc
DE COLIGNY, nous raportent quelque choſe de
ſemblable ; Dieu verſa ſes graces dans ſon cœur auec
abondance, qui firent renaiſtre toutes les vertus
pour donner la chaſſe à tous les crimes, & enchaiſ-
ner toutes ſes paſſions. Il reconnût & le dit pluſieurs fois, qu’il n’y auoit que ceux-là d’heureux, qui
mouroiént en IESVS-CHRIST, *Beati mortui qui in
Domino moriuntur*, & il apprit de ſes directeurs, que
pour mourir en IESVS-CHRIST, il faut viure en
IESVS-CHRIST, & que pour y viure, il faut eſtre
deſtaché de toutes les creatures, pour n’eſtre lié ny
attaché qu’au ſouuerain Createur. Dieu luy fit la
grace de le croire, de le vouloir, & de l’executer ;
quoy qu’il luy reſtaſt trop peu de temps ; ſen-
tant que la mort ſe preſſoit de ſeparer ſon ame de
ſon corps, il voulut ſeparer premierement le pe-
ché de l’ame & du corps, puis que l’vn & l’autre l’a-
uoient commis ; Il voſmit tous ces pechez par vne
Confeſſion generale, reïterée iuſques à trois fois ; il

les pouſſa de ſon cœur auec ſes ſoûpirs, qui eſtoient les marques de ſa douleur ; il les arrouſa de ſes larmes, & le Preſtre par le Sacrement de penitence qu'il luy appliqua, les noya dans le Sang precieux de IESVS-CHRIST, & les fit conſumer & bruſler dans les flammes de ſa charité ; Son cœur ainſi deſchargé de ce peſant fardeau par la miſericorde de Dieu, fut remply du meſpris de cette vie mortelle, & du deſir de l'immortalité ; Dieu prit la place du monde, Et ſi pendant ſa vie il ne ſortoit de ſa bouche que des paroles mondaines, à ſa mort il ne ſort que des paroles diuines : Et ſi pendant ſa vie il ne penſoit qu'à multiplier ſes engagemens dans le monde ; à ſa mort il ne ſonge qu'à rompre ſes liens, ne voulant pas laiſſer faire à la neceſſité ce qu'il pouuoit faire par ſa vertu ; Et ſi pendant ſa vie, l'on n'auoit apperceu que des actions d'vn ſage mondain ou d'vn vaillant Capitaine ; à ſa mort l'on ne void que des œuures d'vn humble Chreſtien, & d'vn fidelle tres-zelé pour ſon ſalut.

Pendant que nous ſommes dans cette region de mort, noſtre ame eſt comme ſuſpenduë entre le temps & l'eternité, entre les choſes temporelles & les eternelles ; quand le temporel contrepeze, il emporte l'eternel ; & l'ame renonce au Paradis pour les moindres intereſts ; mais lors que l'eternel eſt plus fort, il enleue facilement le temporel, & elle meſpriſe & renonce ſans peine à toutes les creatures ; Dans les derniers momens, l'ame du Duc DE COLIGNY, qui tenoit à la terre, par quantité de chaiſnes,

tres-fortes, tres-naturelles & mefme tres-legitimes;
(Car outre qu'il laiffoit les efperances d'vne grande
& belle fortune, il perdoit la joye de voir reuiure
fon nom dans fes enfans, il quittoit vne femme, que
l'inclination & la vertu de l'ame luy rendoit encore plus aimable que la beauté du corps, les charmes
de l'humeur, & les delices de fa conuerfation; il la
quittoit fans doute auec violence, car l'on ne quitte
qu'auec beaucoup de peine, ce que l'on poffede auec
beaucoup d'affection, apres l'auoir acquis difficile-
ment,)eut la force cependant comme colée à I E S V S-
CHRIST, de rompre tous ces liens, & fe mit en
eftat de ne fentir, de n'aymer & de ne penfer qu'en
Dieu. *Anima eius immortalitate plena eft.* Que cette penfée de l'eternité produit de merueilleux effets! le feu
que l'on renferme dans vn Mortier, ou dans vne
Bombe, y demeure enfeuely quelque temps, mais
quand il vient à efclater, il brife & romp tout ce qu'il
rencontre.

La penfée de l'Eternité eft vn feu defcendu du
Cœur de I E S V S-CHRIST, il demeure long-temps
caché dans nos cœurs, & quelquefois pendant noftre vie, il eft caché comme le feu des facrifices dans
le puits de Ierufalem ; mais quand à l'article de la
mort, le Soleil redouble fes rayons, quand I E S V S-
CHRIST y allume fes flâmes facrées; pour lors l'on
peut dire que le feu brufle tout, deuore tout, & fait
fondre l'ame comme vne cire, pour la mettre en
eftat de receuoir l'impreffion de la Diuinité. C'eft
ainfi qu'il en a vfé auec le Duc D E C O L I G N Y : Et fi

vous

vous demandez la preuue, ie vous diray que ie ne puis iuger de ce qui se passe dans son cœur, que par ce qui sort de sa bouche. Quand le nuage est plein de feu, il l'exhale de toutes parts, par des esclairs qui esblouïssent nos yeux ; quand le cœur du Duc DE COLIGNY fut animé du feu du saint Esprit, il le fit connoistre aux assistans ; il ne pensoit qu'en Dieu, il ne parloit que de Dieu, quand faisant reflexion sur ses propres miseres, il repassoit toutes les actions de sa vie, & quand ses pensées faisoient naistre des paroles sur ses levres, il disoit, helas ! qu'estois-je hier ? que suis-je auiourd'huy ? que seray-je demain ? Pouuoit-il faire vne plus Chrestienne confession de ses miseres ? quand il consideroit ses amis & ses seruiteurs, tous baignez dans leurs larmes, il leur disoit ; Voyez mes amis, en quel estat ie suis reduit? profitez au moins de mon exemple ? reconnoissez en ma personne la vanité du monde? quoy que ie meure jeune, ie n'emporte que la seule douleur de n'auoir pas mieux vescu? Profitez mes amis de l'estat où vous me voyez, ce qui m'est arriué auiourd'huy vous peut arriuer demain ? Peut-on parler plus vtilement, & auec plus d'edification ? Quand il esleuoit son cœur à Dieu, s'il luy arriuoit de contempler la seuerité de sa Iustice, il s'escrioit, *Ne proncias me à facie tua Domine.* Seigneur, Seigneur, ne me rejettez point de vostre face? S'il jettoit ses yeux sur ses infinies misericordes, *redde mihi lætitiam salutaris tui.* Seigneur, disoit-il, versez en moy les consolations que vous auez apportées en qualité de Sauueur? S'il s'entretenoit sur les adorables decrets de sa Prouidence, qui le vouloit faire sortir du monde : Seigneur,

diſoit-il, que voſtre volonté ſoit faite, *fiat voluntas tua?*
Et ſi meſlant toutes ſes penſées, pour ſeruir de matiere
à l'entretien de ſon eſprit, ſon cœur animé de la grace,
luy faiſoit pouſſer ſes paroles expreſſiues de ſes plus
ardants deſirs, *Beati moi tui qui in Domino moriuntur.*

En conſcience Meſſieurs, falloit-il pas qu'il fuſt tout
remply de l'Eſprit de Dieu, puis que Dieu fait tous les
mouuements de ſon cœur, toutes les penſées de ſon
ame, toutes les paroles de ſa bouche: Et n'auois-je pas
raiſon de dire, que ſon ame eſtoit embrazée du feu de
l'Amour de Dieu, puis que l'on en voyoit de temps
en temps ſortir les eſteincelles, & les flâmes. Et cela
eſtant ainſi, concluons que ſa mort a Chriſtianizé toutes ſes vertus ; quelles les a toutes employées, & qu'il
les a toutes faites regner dans les derniers moments de
ſa vie.

Apres cela Meſſieurs, ie vous laiſſe à penſer ſi l'on
peut deſirer quelque choſe à la perfection du Duc DE
COLIGNY, & ſi ie n'ay pas raiſon de vous dire que,
conſummatus in breui expleuit tempora multa. Qu'ayant acho-
ué ſa courſe en peu de temps, il a autant veſcu que s'il
auoit duré pluſieurs années? Peut-on deſirer vne naiſſance plus illuſtre? peut-on paſſer vne vie plus glorieuſe? peut-on mourir plus Chreſtiennement? A la mort
des grands Capitaines l'on void des ennemis vaincus,
des lances brizées, le corps chargé de bleſſûres, la terre baignée de ſang, des trophées d'armes de tous coſtez,
& c'eſt ce que les guerriers appellent mourir, dans le
lict d'honneur. A la mort des Chreſtiens, l'on void les
biens meſpriſez, les honneurs foulez aux pieds, les vo-

luptez terrassées, les vices abbatus, les passions vain-
cuës, les vertus victorieuses, les graces triomphantes,
toutes prestes à receuoir la couronne de gloire ; & c'est
ce qu'on appelle mourir au Seigneur, mourir Chrestiennement. Ces deux nobles circonstances se trouuent heureusement recueillies dans la mort du Duc DE
COLIGNY ; Quand vous le voyez affronter la mort,
au milieu des combats, la receuoir sans crainte & la
porter sans effroy, dans la meslée, confessez que le Duc
DE COLIGNY estoit inuincible; quand vous le voyez
transporté du Camp dans le lict auec vne blessure mortelle, accompagné du premier Prince du Sang, & de
quantité d'autres Princes & Seigneurs de la Cour, qui
le conduisent à pied iusques dans son logis ; & qu'au
milieu de ses trophées, il réueille la pensée de son salut,
& ne songe qu'à mourir en IESVS-CHRIST ; dites que
son ame estoit inexpugnable, & destinée pour la felicité. Et quand vous entendrez dire que le Roy pour re-
connoistre la fidelité de ses seruices, considerant qu'il
estoit sorty d'vn sang si souuent meslé auec celuy des
Souuerains, & allié presentement à toutes les testes
Couronnées de l'Europe,& que pendant sa vie il n'auoit
fait que des actions Royales ; a voulu trauailler luy-
mesme à la pompe de ses funerailles, & choisir sa sepul-
ture dans le sepulchre des Roys ; dites que iamais sepul-
ture ne fut plus glorieuse ; Et quand vous verrez qu'on
met son corps aux pieds des Roys ; souuenez-vous que
c'est pour apprendre à la posterité, que ce priuilege
luy est accordé, pour auoir soustenu par sa mort l'au-

thorité Royale ; car c'eſt au fondement que l'on met d'ordinaire les appuis.

Mais Meſſieurs, apprenez par le regret qu'il a eu en mourant, de n'auoir pas employé tout ſon temps au ſeruice de Dieu, le ſoing que vous deuez auoir de penſer à voſtre ſalut ; que cette Image de deüil entre vtilement dans voſtre cœur. N'eſt-ce pas vne choſe eſtrange, nous voyons tous les iours les meſmes ſpectacles, & n'en ſommes jamais touchez ; tous les iours cette leçon nous eſt faite, & jamais nous n'en ſommes inſtruits ; il n'y a rien dont nous facions moins d'eſtat que de la vie future, bien qu'il n'y ait rien qui nous ſoit de ſi grande conſequence.

D'où vient ce deſordre Meſſieurs ? ſi ce n'eſt ou que vous eſtes mal perſuadez de l'auenir, ou que vous eſtes trop fortement attachez aux choſes preſentes ? En conſcience Chreſtiens, ne faut-il pas que la Foy ſoit bien petite, en celuy, dans lequel la negligence eſt ſi grande ? parlons franchement, ſi vous preniez tout ce que l'on dit du Paradis, de l'Enfer, & du Purgatoire, pour les champs Elizées, pour les fleuues de Stix & d'Acheron, & les autres contes de l'hiſtoire fabuleuſe ; auriez-vous moins de ſoing pour acquerir le Ciel & pour eſuiter l'Enfer ? viuriez-vous d'vne autre façon ? Ie voys bien que vous auez changé de doctrine, mais non pas de mœurs ? que la Religion de voſtre eſprit eſt fondée ſur les maximes de l'Euangile ; & que celle de vos mœurs eſt formée ſur l'exemple des Payens ? & qu'en vn mot vous eſtes mal perſuadez de l'autre monde ? Car ſi vous

croyez.

croyez ce que l'Euangile en dit, vous y penseriez d'vn autre façon; Et quoy ! si les hommes vous promettent quelque chose, que ne faites-vous pointpour vous en rendre digne ? S'ils vous menacent, que ne faites-vous point pour esuiter le chastiment ? Et Dieu dont les paroles sont des Oracles de verité, vous promet vn Paradis, vous menace d'vn Enfer, & auec tout cela, il ne sçauroit rien emporter sur vous ? Il faut sans doute que vous defferiez peu à sa Parole, & que vostre Foy soit estrangement foible, puis que vos œuures sont si monstrueuses ? Dieu n'est point en vous, puisque vous ne le craignez point, *& vbi Deus non timetur nisi vbi non est,* dit le docte Tertulien.

Mais ie voy bien pourquoy vous estes si peu touchez des pensées de l'autre monde ; c'est parce que vous estes trop fortement attachez à celuy-cy; vostre ame est tellement enchaisnée, qu'elle n'a aucune sorte de liberté ; & la terre l'occupe tellement, qu'elle ne pense jamais au Ciel. L'on se mocquoit de ce Philosophe, qui à force de regarder le Ciel tomba dans vn precipice ; sa faute cependant estoit pardonnable, car son corps ne fut blessé, que parce qu'il vouloit esleuer son esprit. N'a-t'on pas plus de sujet de pleindre le sort malheureux de ceux qui perdent le Ciel à force de s'enfoncer dans la terre ? O que vous estes insensez ! Et quoy, ne sçauez-vous pas que *præterit figura huius mundi,* que tout passe en ce monde auec vne extremevisteße ? Ne voyez-vous pas perir tous les iours entre vos mains, les choses que vous croyez les plus asseurées ? & pourquoy ne vous desabusez-vous point ? Pourquoy faut-il qu'vne vaine efperance flate eternellement voftre cœur, & infecte toufiours voftre efprit ? Ne voyez-vous pas, que le monde vous occupe à des bagatelles ? à des fottifes? à mille chofes inutiles pour entretenir voftre efclauage & voftre feruitude ? Au nom de Dieu, Chreftiens, reuenez à vous-mefme ! penfez qu'il y a vne Eternité de bon-heur ou de malheur, qui vous attend apres cette vie ! que ce qui eft arriué à voftre amy, vous peut arriuer tous les iours ! & tenez pour maxime, qu'il n'y a rien de fi digne d'vne Ame veritablement Chreftienne, que de rompre fes chaifnes, que de fe mettre en liberté, & que de finir le cours de cette miferable vie ; par vne mort qui ferue de paffage à l'Immortalité bien-heureufe.

F I N.